NOBUYUKI
SUZUKI
FIRST PHOTO ALBUM

"FACE"

#10年振りのガチャ #スーパーボールみたいなのがでた #どう使っていいか分からない…

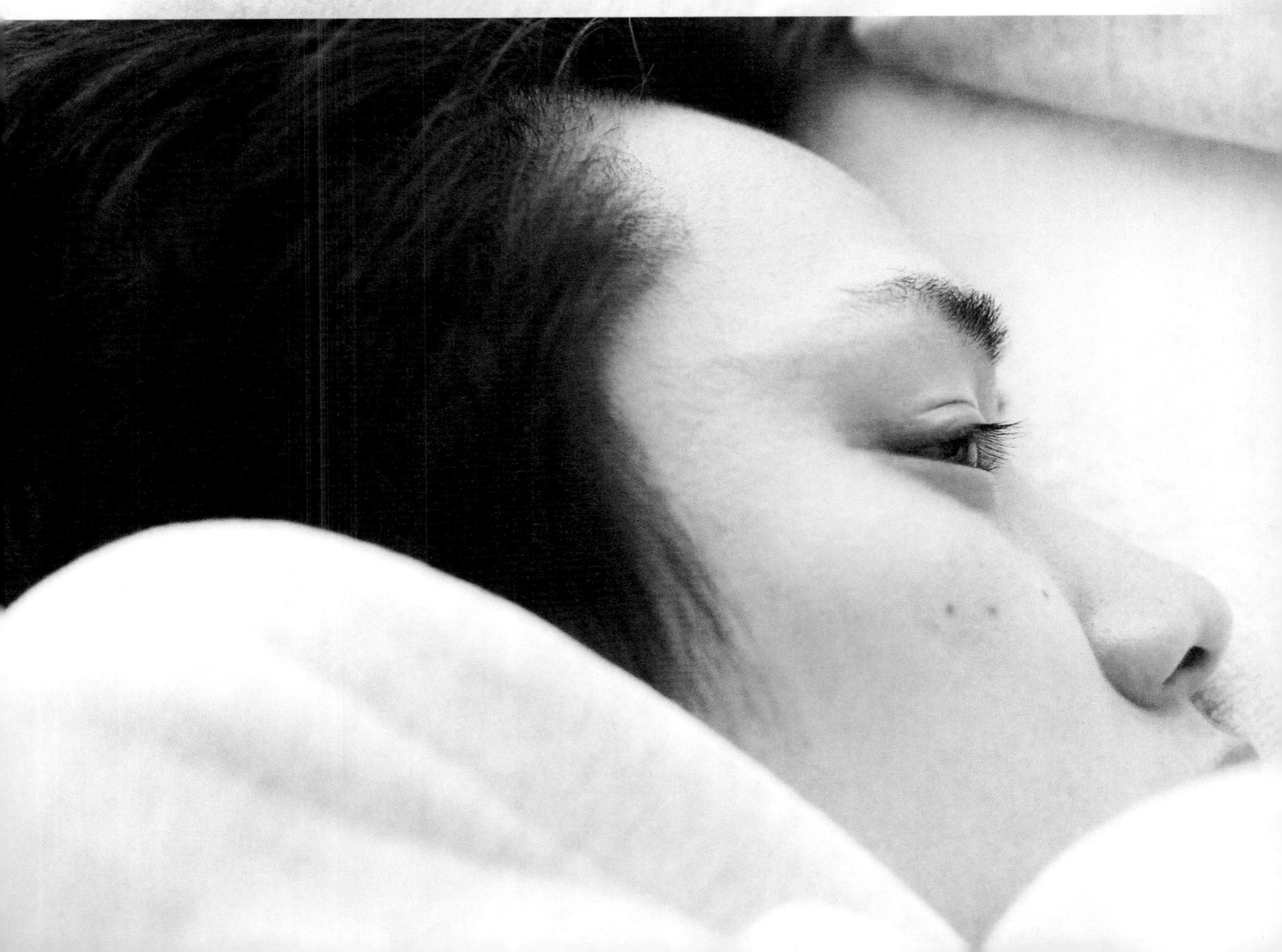

あっかんべー
このシチュエーション
考えてみてください＾＾
なかなか聞く機会ないんだけどね（笑）

ゲーム # マリカー # 今のゲームすごいのね… # ドラクエ 11 買ったけど # 全然進めてないや

証明写真に入っている証明 # 何年振りだろう # 座高が合わなかった

わざとらしい
あざとショット
でも美味しかった

スワンボート # 人生初 # めちゃ疲れるのね

sunwave

JENGA

公園で
たまたまチビっ子と遭遇
めちゃかわいかった
大きくなってね！

天国東京

ロケバス # リアルにせまくて足が入らない…

外めちゃ寒かった
実は歯磨き粉つけてない
こんなパジャマほしい

宇宙のロマン #…どんなロマン？

FRIEND

FRIEND

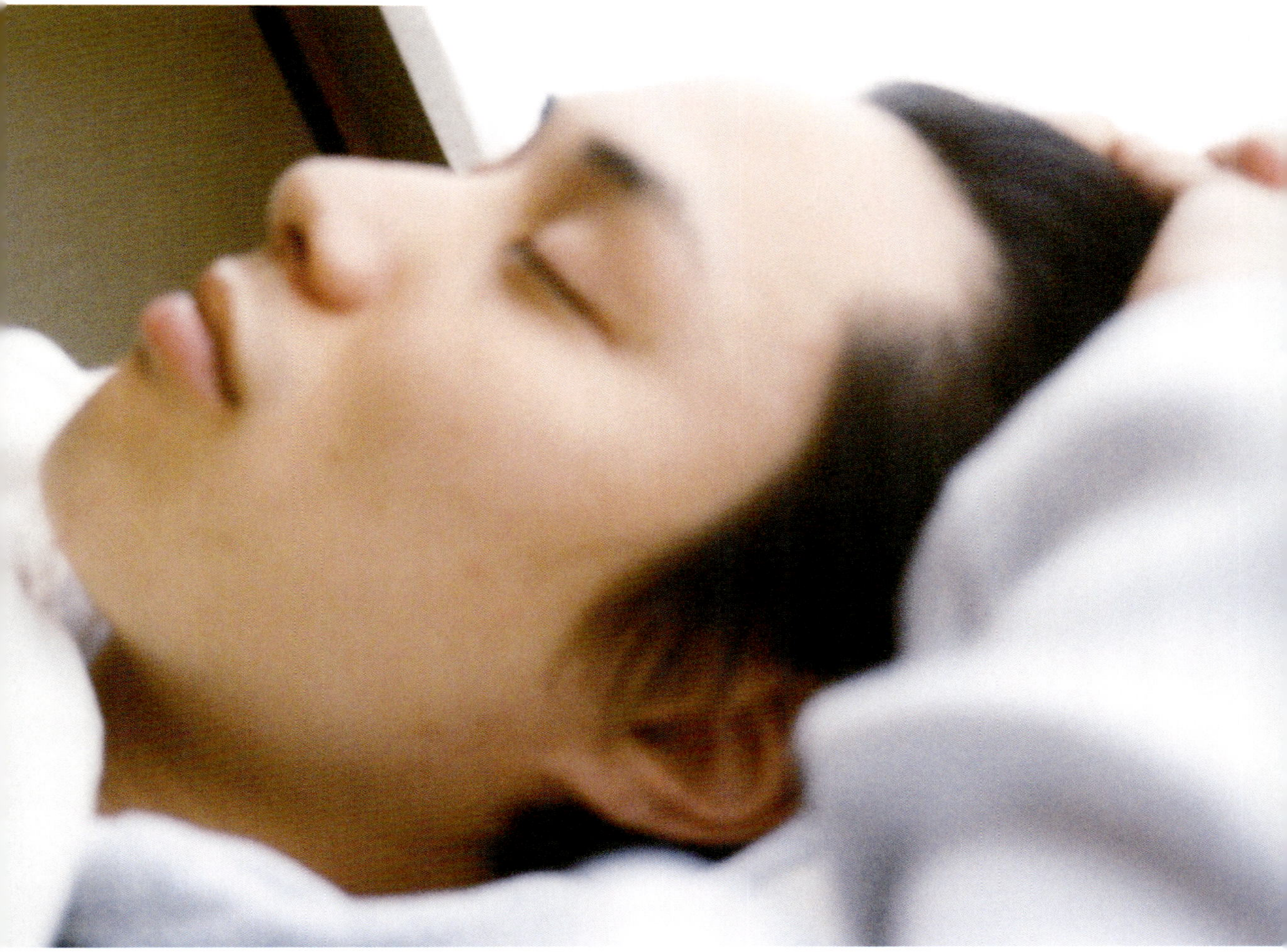

ねむい # 本当に朝イチの撮影でした # ほくろの数 # 意外と多い

#朝めし #作ったことねー（笑）

#寝そうだった #本当はベッド派 #畳のにおい好き #カメラ目線 #はずかしかった

初乗馬 # また行きたい # 一緒ににんじん食べた

AMILY
ashion

証明写真 # よくわからないかぶりもの # 面接落ちるね。きっと…

おはよー

NOBUYUKI
SUZUKI
QUESTION 150
&
MEMORY
&
INTERVIEW

NOBUYUKI SUZUKI

QUESTION 150

鈴木伸之150の質問

Q.1 名前(本名)
鈴木伸之

Q.2 生年月日
1992年10月14日

Q.3 出身地
神奈川県川崎市

Q.4 血液型
AB型

Q.5 身長
185cm

Q.6 体重
74kg

Q.7 足のサイズ
28.5cm

Q.8 昔から背は高い? 家族の身長は?
中学2年の夏に、急に10cm以上伸びました。父が183cm、母は160cmくらい? 忘れちゃったけど(笑)。

Q.9 利き手は?
右利きです。

Q.10 趣味は?
バラエティを見ることと買い物! あとは釣りかな?

Q.11 特技は?
よく聞かれるけど、ないんですよね……。身長が高いから、高いところにある物は取ってあげられる!

Q.12 最近ハマっていることは?
しいて言えば漫画?『約束のネバーランド』(集英社)が好き。

Q.13 集めているものは?
ベンツとかロレックスとかって書きたいなー(笑)。

Q.14 長所は?
優しいところ(笑)。

Q.15 短所や弱点は?
身長が高すぎる!
服のサイズがないものが多々ある。

Q.16 コンプレックスは?
自分のコンプレックスに見向きもしない! 暗いのが嫌だから、
気にしてもしょうがないんだよね。

Q.17 鈴木君って、ひと言でいうとどんな人?
自由な人。自分よがりで、
自分のことしか考えてません。

Q.18 犬派? 猫派?
犬派です!

Q.19 大好物の食べ物は?
ハンバーグ、焼肉、寿司。
お弁当ばっかり食べてるから、そろそろ健康に気を使って、いろいろなものを食べていきたいな。

Q.20 苦手な食べ物は?
ないです! 昔よく、にんじんとかを
食べたら、母に褒められて……。
褒められると伸びるタイプなんで、
嫌いな食べ物はなくなりました。
けど、パクチーや珍味系は
好んでは食べません。

Q.21 学生時代の部活は?
野球です。河川敷でずっとボールを投げてました。

Q.22 学生時代の得意科目と不得意科目は?
体育と図工は好きでした。あとは全部嫌い。じっと座って話を聞いているのが出来ないので、隣の席の人にちょっかいを出して遊んでました。

Q.23 自分の体でいちばん好きな所は?
手が大きいところ? あと生命線がすごく長いので、120歳まで生きたいです!(笑)

Q.24 ニックネームは?
「のぶ」「鈴木」
鈴木って呼ばれると、他人だった!
ということがよくあります。
鈴木あるあるです!

Q.25 家族にはなんて呼ばれていますか?
家族には鈴木……じゃないや(笑)。
「のぶ」とか、「のぶゆき」
おばあちゃんには「のぶちゃん!」

Q.26 家族構成は?
父、母と、全員180cm以上ある
年子の男3兄弟の末っ子です。

Q.27 子どもの頃はどんな子?
外で遊ぶのが好きで、
野球をこよなく愛する子供でした。

Q.28 子どもの頃の夢は?
プロ野球選手

Q.29 バッグの中に必ず入っているものを(お財布、スマホ以外で)教えて!
フリスク、イヤホン、台本

Q.30 いちばん落ち着く場所は?
家かな〜。
家以外落ち着く場所なんかないよね。
世知辛い世の中だ(笑)。

Q.31 自分の部屋の中でお気に入りの場所は?
ベッドでゴロゴロしてるのが好きなので、寝室。誕生日に枕をもらって、今すごく寝心地がいいです。

Q.32 愛用している家電は?
ダイソンの掃除機!

Q.33 コンビニでつい買っちゃうものは?
お菓子!
好き好き言ってたら、お菓子メーカーさんからたくさん頂いて。
すべておいしく頂きました。
この場を借りてお礼申し上げます。
ぜひCMを宜しくお願いします(笑)。

Q.34 メールやLINEは1日に平均何回してる?
メールはほとんどしないです。
LINEは30～40件くらい? その日によります。みんなと一緒ですよ!

Q.35 LINEでよく使うスタンプは?
自分の名前のスタンプ。

Q.36 好きなアプリは?
『Far Fetch』
海外ブランドの服が買えるので、気に入ってます。

Q.37 着信音は?
もともと入ってる、着信音です。

Q.38 愛用しているカメラは?
ネスミスさんから頂いたフジフィルムのX-T10です。昔はキャノンの7Dを持っていたのですが、まったく使いこなせず……。

Q.39 写真を撮ることが好きになったきっかけは?
思い出に残せるから。
写真を見返すと、その頃のことを思い出す感じがいいですよね。

Q.40 最近の平均睡眠時間は?
8時間くらい? 休みで1日寝ていられる日でも、昼前には目覚めます!

Q.41 普段の休日の過ごし方は?
午前中に起きて、飲み物飲んで、ゴロゴロしながら今日1日何をするか考えます。たいてい誰かとご飯に行くか、撮り溜めたドラマを見るかですね。

Q.42 朝ごはんは食べる?
食べません。
食べたほうがいいのはわかってるんですが……。R-1は飲みます!

Q.43 突然、1日オフができたら何をする?
家でゴロゴロします。

Q.44 1週間オフができたら何をする?
海外に行きます。
いろんな文化に触れて、
おいしい食べ物を食べて……。

Q.45 朝起きて1番最初にすることって?
電気をつける!

Q.46 寝るときは何を着ている?
部屋着です。
24karatsのジャージだったり、
Tシャツだったりです。

Q.47 肌のお手入れはしている?
スプレータイプの化粧水くらいはします。

Q.48 好きなキャラクターは?
ドラえもんですかね!
『STAND BY ME ドラえもん』を
映画館で、3Dで観たらめがねが
涙で曇っちゃって……。

Q.49 好きなTV番組やドラマは?
『プリズン・ブレイク』
『ブレイキング・バッド』

Q.50 好きなお笑い芸人は?
みんな大好きですけど……。
コントはサンドウィッチマンさん、かまいたちさん。ネタは、ウーマンラッシュアワーさんの「バイトリーダー」ってネタがすごくおもしろいです。あと、『有田ジェネレーション』(TBS)に出ている人はみんな勢いがあっていいです!

Q.51 好きなミュージシャンや曲名を教えて!
秦基博さん。
Mr.Childrenさんの『Prelude』。
ヴァネッサ・カールトンの
『A Thousand Miles』。

Q.52 初めて買ったCDは?
オレンジレンジの『花』。

Q.53 最近よく聴く曲は?
J-POP全般よく聴きます。
ONE OK ROCKとか。

Q.54 カラオケで必ず歌う曲は?
秦基博さんの『言ノ葉』、『Rain』
アニソンで『デジモン』やONE PIECEの『ウィーアー!』、『化物語』も歌います。

Q.55 好きな漫画は?
『約束のネバーランド』、『浦安鉄筋家族』、『キングダム』
ただ、あまり漫画は読みません。

Q.56 学生時代いちばんモテたのはいつ?
小5です。

Q.57 好きなゲームは?
『ドラクエ11』
レベル25で止まってます。
ちょうど僕と同い年ですね!(笑)

Q.58 下着は何派?
そんなことは言いません! これはセクシャルハラスメントですね!(笑)

Q.59 料理はする?
最近してないです。IHなんですが、
お湯しか沸かしていません。

Q.60 楽器はできる?
ギターをやっていたときがあったんですが、Fが押えられなくって戸惑っています。

Q.61 プライベートで仲が良い芸能人は?
いないんですよね～。
友達が欲しいんです。切実に!
死ぬまで仲良いんだろうな。
っていう人と出会いたいです。

Q.62 よく行くショッピングエリアは?
銀座、六本木、新宿に行けばなんでもある! そこになければ、日本にはないと思ってます(笑)。

Q.63 ファッションの参考にしている人は?
ないです。自分が好きだと
思ったものを着たいです。

Q.64 好きなファッションのスタイルは?
シンプルな物が好きです。

Q.65 愛用アイテムとブランドを教えて!
バッグ……山下健二郎さんから頂いたかばんを使ってます。
ヘッドフォン……
コンビニで売ってるやつ。
靴……スニーカーが好き。今欲しいのはSAINT LAURENTのブーツです。
帽子……シンプルなのが多いです。
Tシャツ……プリントが入っているやつ。究極、白T黒Tです。
めがね・サングラス……あまりかけないけど、今欲しい物があるんです。

Q.66 おしゃれのこだわりは？
逆に聞きたいです。
全身を3色以内に収めるとまとまる。
という伝説を信じています。

Q.67 好きな色は？
白です。

Q.68 愛用している香水は？
Diorの香水を使っています。

Q.69 2人旅をするなら、誰とどこに行きたい？
高校時代からの親友とアメリカで
ピザとか食べたいですね（笑）。

Q.70 尊敬している人は？
LDHに所属している方は志高く、
尊敬してます。

Q.71 好きな季節は？
夏です。

Q.72 クセはある？
歩くのが早い。せっかちなんで、
遅いのが嫌なんです。

Q.73 アウトドア派？ インドア派？
インドア派です。
けど、京都でゆっくりしたり、
北海道に行っていろんなものを
食べ歩きしたいです。

Q.74 入浴時間は？ どこから洗う？
湯船につかるのは10分くらい。
髪の毛から洗います。

Q.75 平日の22時、普段は何をしている？
家で撮り溜めたバラエティ番組を
見ています。

Q.76 お酒は好き？ よく何を飲む？
ひとりだとまったく飲みません。
最近はビールを飲みます。

Q.77 誰と飲みに行くことが多い？
劇団メンバーや友達。

Q.78 酔っぱらうとどんなタイプになる？
さらに明るくなります。
泣き上戸になったり説教はしません！

Q.79 コスプレをするとしたら、何をしてみたい？
世間でハロウィンが一大イベントに
なっているので、ゾンビメイクをし
て渋谷を歩いてみたいです。

Q.80 最近、嬉しかったことは？
生きているだけで幸せです。

Q.81 人生でいちばん泣いたのはいつ？
中学生の時。
毎日兄弟喧嘩をしていたときかな？

Q.82 人生でいちばん怒ったのはいつ？
常に怒ってます（笑）。
人生山あり谷ありだから溜め込まず、
ぼちぼち発散してます。

Q.83 どんなことで落ち込む？
あんまり落ち込みません。

Q.84 落ち込んだときの解決法を教えて！
よく寝て、よく食べ友達に話す！

Q.85 最近購入した、高額なものは？
黒のライダースです。

Q.86 毎日の生活でこだわっていることは？
楽しい一日になるように
毎日心がけてます。

Q.87 ずばり、今の自分に足りないものは？
謙虚さです。

Q.88 今の自分に不必要だと思うものは？
足の大きさ。ちょっと大きすぎるんです。

Q.89 これだけは人に負けないこととは？
人と比べちゃダメ！
オンリーワンでいかないと！
自分は自分です。

Q.90 自分にとっての「幸せ」とは？
生きてること。
家族や友達を含め、
健康でいることがいちばんです。

Q.91 あなたにとっての「生きがい」は？
目標とか、こうなりたい！と思うこと。

Q.92 占いに行きました。何を占ってもらいたい？
占い嫌いなんです。
お金を払って他人に人生を語られた
くない。

Q.93 言われて嬉しい褒め言葉って何？
本当に気持ちがあれば、
どんな言葉でも嬉しいです。

Q.94 テンションって、どんな時に上がる？
いい仕事が決まった時。
劇団EXILEメンバーの活躍を
聞いた時。

Q.95 2018年中に叶えたい事は？
お菓子とか、食品のCMに出たい！

Q.96 この仕事（芸能界）を志したきっかけは？
ボーカルバトルオーディションから
HIROさんに拾っていただきました。

Q.97 もしこの仕事をやっていなかったら、何をやっていたと思う？
人の下で働くことは出来ないと思う
ので、個人事業主となって、
何かやってたかもしれません。

Q.98 いつから今のような鍛え上げられた体になったの？
昔から野球をやっていたので、ずっ
と鍛えています。

Q.99 普段はいつ鍛えているの？
最近はなかなか鍛えられていません。
でも、やるときは週5.6回で
体脂肪率5％くらいまで絞ります。

Q.100 仕事のことなど何も考えずに、ずばり今、一番やりたいことは？
海外旅行。
あと、特技を身に付けたいです！
（ギターとか）

Q.101 仕事の合間の待ち時間は何をしてる？
作品やシーンの事を考えてます。

Q.102 台本を覚えるのは得意？ いつどんなときに覚えているの？
苦手です。
家で歩き回りながら覚えたり、
じっと座って覚えたり……。

Q.103 今までで一番緊張した役、難しかった役とは？
どれも緊張します。だって正解が
ないから……毎回反省です。

Q.104 今後、演じてみたい役はある？
恋愛系もやりたいし、戦争物や海猿の
ような人命救助の物もやりたいです。

Q.105 今、1番会いたい人は?
岡田准一さん。

Q.106 芸能界でカッコいいと思う人は誰ですか?
LDHの先輩。皆さん真っ直ぐで
カッコいいです。

Q.107 ライバルは?
ライバルなんて言えるようになりたい!
まだ誰かのライバルって言っていい
ようなスタート地点にも立っていま
せん。自分がライバルです。

Q.108 10年後の目標を教えて!
結婚していいパパになりたい。
幸せな家庭を築きたいです。

Q.109 明日世界が終わると決まっていたら、今何をする?
美味しいものを食べます。
あと、この人と過ごしたいと思える人
と一緒にいます。

Q.110 まだ誰にも言っていない秘密を教えて!
言えません。
知らなくていいことは、
知らなくていいんです(笑)。

Q.111 初恋は何歳?
保育園の時に同じクラスの女の子です。

Q.112 初キスは何歳?
保育園の時に初恋の子と。

Q.113 理想のデートプランを教えて!
車やバイクで出掛けて美味しいもの
を食べたい。海外旅行に行って、
仕事のことを考えないのもいいですね。

Q.114 何フェチ?
特にこれってのはないけど、
女性らしい人がいいかな?

Q.115 好きな女性のタイプを教えて!
清楚で清潔感のある人。
しっかりしてる人がいいかな

Q.116 女の子にきゅんとするのはどんな時?
お互いのフィーリングが
バチっとあったとき。

Q.117 女性の好きな仕草って?
自然に髪をさわる。
狙ってないのがいいですね。

Q.118 女性の好きなファッションは?
Simple is the best !
清潔感が大事です。

Q.119 女性になんて言われたら嬉しい?
褒められたり、ありがとうって
言われたら嬉しいです。

Q.120 女性になんて言われたら悲しい?
陰口。裏でコソコソ言われるのは
悲しいです。

Q.130 ひと目惚れってある?
あります。そのほうが多いです。

Q.131 女の子のどこを最初に見る?
顔ですかね。
目にいろいろ宿っているので……。

Q.132 どんな瞬間、恋に落ちる?
パッと見た瞬間です。

Q.133 追いかけるタイプ?追いかけられたいタイプ?
追いかけるタイプです。追いかけら
れるのはあまり好きではないので。

Q.134 束縛したいタイプ? されたいタイプ?
したくもないし、されたくもないです!

Q.135 ロマンチストだと思う?
ロマンチストではないです。

Q.136 恋をしたら、どんな風になる?
ワクワクしたり、嬉しい気持ちとか、
明るい気持ちになる!

Q.137 サプライズをされるのは好き?
されるのは好きじゃないです。
するのに、憧れはありますが……。

Q.138 記念日にプレゼントするとしたら何をあげる?
事前に欲しいものをリサーチして
プレゼントします。

Q.139 好きな人に作ってほしい料理は?
家庭的なもの。ハンバーグ、
餃子、カレーとか。

Q.140 結婚願望はある?
今すぐとかはないけど、
ゆくゆくは家庭を築きたい。

Q.141 将来、どんな人と結婚したい?
素敵だなと思えるような人と
結婚したいです。

Q.142 死ぬまでに一度は経験してみたいことは?
世界一周です。

Q.143 ログセに?
「大丈夫?」「まずいっしょ?」
「うそでしょ?」「まじ卍(笑)」

Q.144 転機と思える作品は?
ドラマ『あなたのことはそれほど』

Q.145 人生でいちばん心に残っている言葉やできごとは?
「粉骨砕身」
ジャイアンツ球場に野球試合を
見に行った時、
コーチが好きな言葉を教えるね。
と言って教えて下さった言葉です。

Q.146 風邪をひいたらどうやって治す?
気合!うそ!病院で点滴を打つ!

Q.147 もし戻れるなら何歳の頃に戻りたい?
保育園の時です。

Q.148 座右の銘は?
「一生懸命」

Q.149 自分を動物に例えると?
犬?

Q.150 今、いちばん欲しいものは?
時計かな。

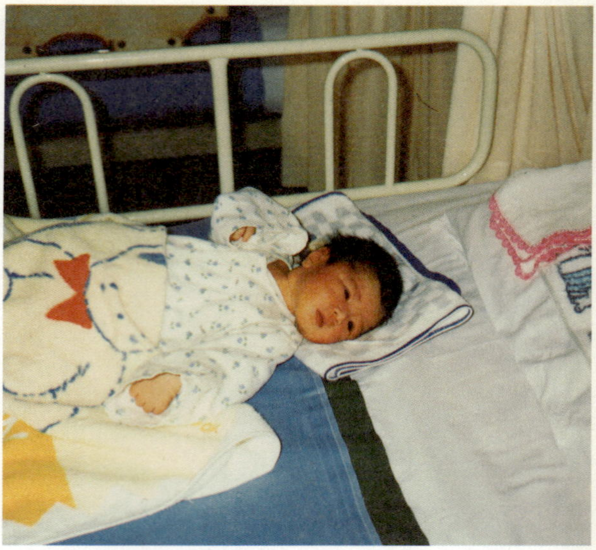

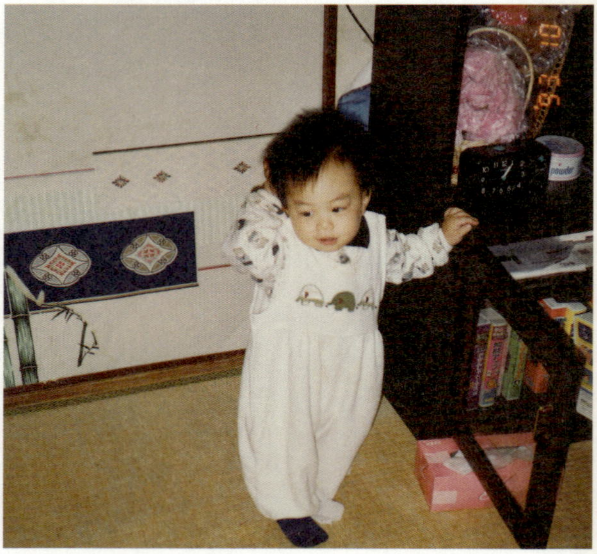

NOBUYUKI
SUZUKI

MEMORY

――産まれた時から小学生まで、子供時代の写真を初公開。ご自身でどんな子供だったか覚えていますか？

「普通でしたよ。年子の男3人兄弟だったので、みんなやんちゃで親は大変だったと思います。でも、本当は3人目は女の子が欲しかったとさんざん聞かされました（笑）」

――やはり、赤ちゃんの頃から体は大きいほうでしたか。

「子供の頃はそんなことはなくて、中2の夏くらいに10cm以上も一気に伸びたんです。骨の〝ミシミシ〟という音が聞こえるくらい成長痛が辛かったです。何故かいつも眠くて、お腹が空いていて、ずっと食べたり寝たりしていました。ご飯を食べる時は必ず牛乳を飲んでいましたね。父も兄2人も180cm以上だけど、家族の中では自分が一番大きくなっちゃいました」

――2人のお兄さんとは仲が良かったんでしょうか。

「小3～4くらいからは、ゲームやテレビ番組の取り合いとかでしょっちゅう喧嘩していたけれど、それまではいつも兄の後ろをくっついて歩いていて。〝カルガモ一家〟って呼ばれていました。確か3～4歳の頃だったか、父が見てない隙に兄弟3人だけで近所のコンビニに勝手に行っちゃって、好きなお菓子を1個ずつ持って帰ってきたことがあったみたいで。父が後から気付いて、お金を払いに急いで謝りに行ったと言っ

ていました(笑)」

——1996年8月10日（P.88）の写真では、兄弟3人でお揃いの服を着ていますね。この頃のことは覚えていますか？

「いや、まったく覚えてないです。だいたいいつも兄のお古を着ていて、それは嫌でしたね。3人とも小1の頃から野球をやっていたんですが、裏側が削れたスパイクとか、穴が開くギリギリ前のソックスとかが兄からまわってきて。ずっと新品に憧れていました。4歳のクリスマスイブの写真（P.88）で着ている〝青と白のクマのトレーナー〟、小学生のクラス写真（P.88）でも着ているから、絶対これも兄のお古だと思います(笑)。たしか中2の時に、連絡用の子供ケータイを買ってもらったんですが、初めて〝自分だけの新品〟ができてすごく嬉しかったのを覚えています」

——ご兄弟3人はそれぞれどんな性格でしたか。

「長男は勉強ができて、もの静かなタイプ。次男は利かん坊で、好奇心旺盛のなんでもチャレンジしたいタイプ。自分はその2人を見て、いいとこ取りをして育ったので、自由にうまくやってきた気がします」

——では、ご両親にはあまり怒られない要領のいいタイプだったということでしょうか？

「でも、ケンカしたら自分が一番騒いでうるさかったので、一番父に怒られてました

（笑）。今は優しいけれど、父はとにかく厳しくて怖い存在でした。お母さんはいつも笑っていて、楽しそうにしている明るい人です」

――小学生の頃は、勉強は好きなほうでしたか？

「まったくしてませんでした。寝てたり、遊んでたり、騒いでたり（笑）……ちゃんと授業を聞いていたのは小4までかもしれない。今でも覚えているんですが、小6の時、授業中なのに友だちと2人で学校内をフラフラ遊んでいて。給食の時間を狙って教室に戻ったら、先生に〝あんた達どこ行ってたの!!〟と怒鳴られました。しょっちゅう親が学校に呼び出されたり、先生が家に来たり。親は毎回泣いて謝っていました」

――元気な小学生だったんですね（笑）。

「とにかくみんなで何かをしたり、勉強することが大っ嫌いで。算数の方程式や社会のことなど、こんなの覚えなくても、将来はいくらでも生活できるようになってやる！って思っていました。あの時、先生が怒ったことや言ってくれたこと、今ならすごく分かります（笑）。勉強が大切というより、みんなで集まって話をしたり、同じ時間を共有するということが大事だなって。でも今でも実は……打ち上げとか団体行動で何かをするっていうのが少し苦手なんです。体は大人にはなったけれど、みんなとじっとしていられないのは、きっと今でも変わってないのかも（笑）」

NOBUYUKI SUZUKI

INTER-VIEW

役者として、今までとこれから

ボーカルオーディションに落ちた事から役者の道へ

――これまでに出演した、作品の思い出を中心にお話をお伺いしたいです。まずはその前に、俳優を目指した〝きっかけ〟について教えてください。小さい頃から目指していたのですか。

「いや、全然思っていなかったです。小さい頃からずっと野球を続けていて、プロ野球選手になるのが夢でしたが、肘を壊してその夢が潰れてしまったんです。ほかにやりたいことを探し始めた時に、音楽が好きだったので専門学校へ行こうと考えていたところ、ちょうどEXILEの『VOCAL BATTLE AUDITION 2』が開催されることを知って応募しました。結果的に2次審査で落ちてしまったんですけど、その時に社長のHIROさんから『歌ではなく、芝居をやらせてみたい』とスカウトしていただき、お芝居を始めることになったんです」

――ボーカルを目指していたのに、俳優に誘われた時はどのような心境だったのでしょうか。

「正直、（当時は）ドラマも全然観ていなかったし、演技するなんて恥ずかしくてやりたくない……と思っていました。劇団EXILEの一員となって、最初に出演したのは『ろくでなしBLUES』（'10年）という舞台。応援団の団員でセリフはたったのふた言だけ、後ろのほうでずっと手を叩いているような役柄だったんです。舞台に出てきてピシっと止まるだけのシーンすら上手くできず、演出家にむちゃくちゃ怒られて……。お芝居のどこが楽しいんだろうと思ってました。ただ、千秋楽にひとつのことをやり遂げたという達成感を感じることができて、そこで初めて素敵な仕事だなと。その次に『桐島、部活やめるってよ』（'12年）のオーディションに受かって、同世代の俳優たちと共演することができたんです」

――バレー部の副キャプテン・久保孝介役を演じ、ぶつける先が見えない苛立ちや喪失感といった感情を表現されていましたが、当時はどんなことを意識していましたか。

「まさか〝日本アカデミー賞 最優秀作品賞〟をもらえるような作品になるとは思っていなくて……。共演者の多くが今も第一線で活躍している人ばかりなので、あらためてあの作品の偉大さを感じますし、当時はとにかく頑張るしかない！と。現場でもわからないことだらけだったので、同じバレー部の小泉風助役の太賀君に教えてもらいながら、必死に演じていました」

――吉田大八監督の演出を受けた感想は？

「演技経験の浅い僕たちに対して、吉田監督は分かりやすく言葉をかみ砕きながら、こう演じてほしいと伝えてくださいました。1カットに平均10テイクはかけていましたし、3～4回くらいまでは本番だけどリハーサルみたいな感覚というか。どんなに短いカットでも必ずお芝居のベースの部分から出てきて話してくださったので、役者への愛情の強さをすごく感じましたね。撮影の最後に、吉田監督が僕たちにメッセージを書いてくれて、本当に感動しました」

――'12年はドラマ『シュガーレス』で、学校のテッペンを目指す不良の丸母タイジ役を演じられています。〝1年最強〟という役どころで喧嘩のシーンが多かったと思いますが、アクションはもともとやりたいと考えていたのですか。

「同じ劇団EXILEの青柳（翔）さんが『ろくでなしBLUES』でアクションをしている姿を見て、いつか自分もやりたいと思っていたので嬉しかったですね。たくさん手があって覚えるのは大変でしたけど、やり甲斐がありました。当時は体を鍛えていたので、体脂肪が5%を切っていたんです。朝はジムでキックボクシングをしてから仕事へ行き、また夜にジムに行く……という日々を過ごしていたので本当にきつかったです。あと、コンビニで鶏のササミばかり買って食べていたのを覚えてますね（笑）」

『GTO』の現場は学校みたいに温かくてものすごく楽しかった！

――同じ事務所の先輩であるAKIRAさんが主演の鬼塚英吉を演じた『GTO』（'12～'13年）では、クラスメイトとの交際を相手の母親に反対される草野忠明役を演じました。AKIRAさんとは初共演ですよね。

「AKIRAさんは優しく僕らを引っ張ってくれて、いつも見守ってくれていました。今、振り返ってみると、みんな言うことを聞かないし、大変だったんじゃないかなって（笑）。撮影も文化祭の肝だめしとかロケットを飛ばすとか、はっきり言って遊びの延長線のようなものばかりですごく楽しかったです。連続ドラマとスペシャルドラマが3回続き、みんなと1年くらいずっと一緒にいて仲が良かったし、本当に学校みたいでした。だから、撮影が終わってしまう時はとても寂しかったです」

――あらためて作品を観ると、設定がすごいですよね。鬼塚先生が窓を突き破って外から部屋に侵入してきても、何も驚くことなく鈴木さんも普通に〝先生！〟って言っていますから（笑）。

「ホント、最高ですよね（笑）。当時は仕事というより、みんなに会える！という感覚で現場に行ってました。でも、あれが最後かな……現場が楽しかったのは。今は〝仕事〟という感覚が出てきたから」

――〝楽しい〟から〝仕事〟へ変わっていったきっかけとは？

「『GTO』の現場って、すごく温かったんです。でも、その次に『お天気お姉さん』（'13年）というドラマに出させてもらったんですけど、それまでの現場とは違い、とても厳しい現場でした。そこで本来はこうなんだと気づいて、ちゃんと自分のことをできるようになっていかないとダメだと考えるようになりました。その時くらいから、〝仕事〟へと意識が変わっていった気がします」

――AKIRAさんとは、舞台 劇団EXILE W-IMPACT『レッドクリフ』―愛―』（'11年）でも共演されていますよね。鈴木さんは孫権役で、国の若き王様でした。

「AKIRAさんが演出の岸谷五朗さんに、〝面白いヤツがいる〟と言って推薦してくださったんです。EXILEではなく、ひとりの役者として舞台の現場を引っ張っているAKIRAさんの姿はすごくまぶしかったです」

――演出を担当された岸谷さんとの思い出はありますか。

「とにかく、デカい声で喋れ！と言われていました。その舞台での僕の最初のセリフが、〝敵は100万〟だったんです。当時そればかり練習していたら、岸谷さんがうるせーと笑いながらも、〝もっと練習しろよ〟とおっしゃっていたんです。その後また、『HiGH&LOW』（'16～'17年）で共演することになり、久々に現場で岸谷さんにお会いしたら、いきなり〝敵は？〟と聞かれて。すぐに〝100万〟と返答したら、〝よし、その心を忘れるな！〟って（笑）。あれから5年くらい経つのに、まだ当時のことを覚えてくれていて嬉しかったですね」

――素敵なエピソードですね。この舞台では、竹中直人さんとも共演を果たされています。

「お芝居に一点の曇りのない感じがすごく伝わってきて、勉強になりました。でも、普段はお茶目な方なんです。常々、自分で稽古ノートをつけているんですけど、ある日、まっさらだったはずのノートの表紙に、サンタのおじさんが空から降りてくるみたいな絵が描いてあって。そうしたら竹中さんが〝すいません、落書きしちゃいました〟って（笑）。竹中さん、岸谷さんをはじめ、本当に温かい人たちばかりで、すごく可愛がってもらいました」

――〝稽古ノート〟はどの作品でもつけているのですか。

「舞台の時はつけています。演出家から言われた内容や、ダメ出しされたことを忘れないようにメモしています。本番前に見ると、あらためて気づくことがあるので」

――台本にも書き込まれますか？

「最後の白紙のページに書いたり、セリフの上の余白に書いたり。気づいたことは、メモするクセがついていますね。『ろくでなしBLUES』の時に先輩が書いていたのを真似して以来、ずっと続けています」

――'12年は、舞台『シダの群れ 純情巡礼編』にも出演されています。

「岩松了さんが脚本・演出を手がけた作品なんですけど、難しすぎて訳が分からないまま、終わってしまった感じですね。普段、会話している時に、いきなり話がずれることってあるじゃないですか。それをお芝居でやりたいということだったんですけど、考えても考えても結局、最後まで掴み切れなかったです……。今までで一番悩んだ作品かもしれません」

――'13年の映画『アラグレ』では、初主演を務められました。六本木を舞台に不良グループ内の対立を描いた作品ですが、主演だからこそ意識されていたことはありますか。

「お芝居っぽくはしたくない、という意識がすごく強かったです。権野（元）監督にもオーバーな芝居は極力やりたくないという想いを伝えていて。荒くれ感を出しつつ、勢いのある作品にしたいと考えていました。その一方で、主役だからこうしなくちゃいけないという意識やプレッシャーはなかったです。とにかく思い切って暴れてやろうということしか、考えてなかったですね」

『ルーズヴェルト・ゲーム』での悪役がターニングポイントに

――ドラマ『ルーズヴェルト・ゲーム』（'14年）では青島製作所のライバル、イツワ電器の如月一磨役を演じられ、大きな注目を集めました。青島製作所のメンバーを目の敵にする如月の姿に憤慨しながら、ドラマを観ている人も多かったのではないかと思います。

「サラリーマンの方たちが作品を観てくださっていて、初めて男性に道で声をかけられるようになりましたね。『ドラマで観ている感じと全然違うね』って（笑）。実は、工藤（阿須加）さんが演じた沖原和也役のオーディションで落ちてしまったのですが、伊與田（英徳）プロデューサーに如月役をオファーしていただきました。それまで悪役をやったことがなかったので心配もありましたけど、福澤（克雄）監督に出会えたことは大きかったです。本当にお芝居が大好きな方で、世の中に伝える作品を作りたいという熱がすごく伝わってくるし、僕たちと同じ目線、同じ気持ちを共有しながら、ベースの部分から分かりやすく演出してくれる。またぜひ、一緒にお仕事をしたいです」

――初の悪役を演じるうえで、苦労したことはありますか。

「この作品の後、悪役が続くことになるんですけど、如月のような意味のある悪役ではなく、ただ単にエッセンスとしてほしい悪役というのは、演じさせてもらっていても僕がやりたい役柄とはちょっと違うな……と感じました。やっぱり作品のなかでの〝重さや存在意義〟が違うと思うんです。当時は悪役を演じることに悩む時期もありました。今は悪役よりも、人を助けたり世の中に希望を与えたり、自分も頑張ろうと思ってもらえるような役をやりたいです」

――〝意味のある悪役・如月〟を演じ切った達成感はいかがでしたか。

「最終回の試写をみんなで観たんですけど、試合に負けて如月の表情がフッと普通になるシーンがあるんです。それを観た山崎努さんが、すごく喜んでくださってくれて。その瞬間に、あんなベテラン俳優の方にも伝わったんだと思い、すごく嬉しかったですね。間違いなく僕のターニングポイントになった作品です」

――'14年は舞台にも2本、『真田十勇士』と劇団EXILE公演『歌姫』に出演されています。

「『真田十勇士』は山賊の三好伊三役だったのですが、個人的にアドリブをいっぱい入れていました。立ち回りが多かったこともあり、加藤和樹さんにいろいろ教わりました。和樹さんの槍さばきは早いし、本当にすごかったです。『歌姫』は当時の僕が演じたなかで一番好青年だったし、とてもやり甲斐がありました。ただ、気弱な青

年役だったので、どう見せればいいのか悩みましたね。最後に手紙を読む感動的なシーンがあるのですが、体の大きい自分がどうやって気弱さを表現するのか模索したことをよく覚えています。素敵な作品でしたね」

——'15年は大河ドラマ『花燃ゆ』にも出演を果たしました。寺島忠三郎役で、最後に久坂玄瑞役の東出さんと差し違えることになりますが、どんな現場になりましたか。

「正直、辛かった記憶しかないです。当然のことなのですが、とにかく待ち時間が多かったし、セリフもほとんどなかった。着ている袴だけしか映らなかったり、後ろのほうでお茶を飲んでいるだけ……というシーンがほとんどでした。最後に東出くんと差し違えるシーンが、唯一の見せ場というか。自分が未熟だったがゆえに、悔しい現場でした。だからこそ、次はもっと大きな役で大河ドラマに出演するのが、今後の目標のひとつになりました」

作品を観てくれた人の反応がその映画の〝正解〟だと思う

——同じく'15年から『HiGH&LOW』シリーズがスタート。山王連合会のメンバーで、物語の核となるヤマト役を演じられました。壮大なスケールと派手なアクションシーンが最大の見どころですが、どんなふうに撮影が進められたのでしょうか。

「HIROさんが〝世の中をあっと驚かす作品を作りたい〟ということで始まったプロジェクトであり、スケールの大きい作品でした。登場人物を格好良く見せることがテーマでもあったので、最初は上手くいかずに悩みました。たとえば、ヤマトが高いテンションでセリフを言っても、岩田(剛典)さんが演じるコブラはかなり低いテンションで返すので、幼馴染みとして温度差がありすぎるのではないかと相談したり。でも、撮影が進むにつれて次第に久保(茂昭)監督のやりたいことも見えてきて、『HiGH&LOW THE MOVIE 3/FINAL MISSION』で終わりを迎えました。撮影を通じて、監督、共演者、スタッフが変わると、これだけ作品の作り方が変わるんだなって感じましたね。よっぽど自分に〝軸〟がないと、さらっと終わってしまいかねない。だから、もっともっと勉強しないとダメだと実感しました」

——喧嘩のシーンでは、体の大きさを活かして見栄えの良いアクションを追求されていたように感じました。

「一発、一発が重そうなパンチを打つのと、せっかく体が大きいので、手足を大きく使ってアクションすることを心掛けていました」

——初の恋愛映画となった『オオカミ少女と黒王子』('15年)では、学園でモテモテの神谷望役を演じられています。

「今まで恋愛物や女性と関わるような役柄はなかったので、新鮮さと心配の両面がありました。でも、神谷はひと癖もふた癖もある役で……。原作を読み、アニメも観て役作りしましたが、どちらかというとファンタジー寄りな感じで演じたつもりです」

——神谷はちょっと共感しにくい役柄ですよね。

「難しかったです。女の子はいくらでもいるからって言ってますけど、まあ〝パリピ〟ですよね(笑)。きっと神谷は親の力を使ってクリスマスには豪華な場所を貸し切り、女の子をたくさん呼んで楽しむようなヤツなんですよ」

——原作のある役柄を演じる時は、プレッシャーを感じますか。

「日本は漫画大国だし、原作のある作品はキャラクターのイメージやこうであってほしいというファンの想いがあるので、やっぱり批判から入ることが多いんですよね。でも、それは受け入れるしかなくて。自分としてはそのキャラクターを好きになることが一番だし、舞台挨拶の時に〝自信を持って演じました〟と言い切れるように、集中して一生懸命に演じるだけです。自分に任されたということを自信に変えてやるしかないなと」

——実写化作品に出演した際などに、鈴木さんはエゴサーチをするとお聞きしました。反応を見て、へこんだりはしないのですか。

「へこむことは一切ないです。みなさんが僕の演じた役をどう捉えているのかを知りたいだけです。いろいろな意見があるので、次に活かせたらいいなって。いくら自分がこうやりましたと言っても、評価するのはみなさんですから。観てくれた人の反応がその映画の〝正解〟になると思うので、満足してもらえるように頑張るだけです」

インスタのフォロワーが15万人増えました

——ドラマ『あなたのことはそれほど』('17年)では、不倫していながら妻や子も愛している夫・有島光軌役を演じ、〝ゲス夫〟として大きな話題となりました。

「台本が面白くトリッキーで先が見えない展開だし、毎週、次はどうなるのか?と期待が高まる作品で、実際に放送が始まっても反響がすごかったです。あらためて、作品を観てもらって初めてスタートラインに立つ仕事なんだと実感しました。『あなそれ』に出演したことで、インスタグラムのフォロワーが15万人くらい増えたんです。俳優人生の中でも大きな作品になりました」

——有島は、こういう男性はいっぱいいるのかも……と思えるような役柄でした。

「たぶん、いっぱいいるんでしょうね(苦笑)。男性はよく分かると思って観てくれた人も多いだろうし、女性はこんな人に出会ってしまったら考えちゃうな……という役だったと思います。クセはあるけど、素敵な役でした。自分はまだ結婚してないので、こんな怖いことになるのかと疑似体験ができた感じです。後半は辛かった時もありましたね。奥さん役の仲(里依紗)さんに会うのが怖くなってきたり(笑)」

——渡辺涼太役の東出さんとは、3回目の共演になりますね。

「連続ドラマが始まる前に、〝絶対にいい作品にしたいから、よろしくね〟とLINEをもらいました。向上心が高いし、常に熱い人ですね。新しい役どころで東出君も苦労があったと思いますけど、いつも率先して、現場を引っ張っていってくれました」

——人気漫画の実写化作品である『東京喰種 トーキョーグール』('17年)も、注目を集めた作品ですね。

「窪田(正孝)さんと共演できたことが、大きな財産です。お芝居の世界に引き込む力がすごいんです。実際に撮影している場所と映画の中の設定は別ですけど、窪田さんがいると〝その場所〟になってしまう。僕らを違う世界に引き込んでくれるし、作品の空気にしてしまう力を持っている方です。窪田さんがまとっている空気が好きですね」

——喰種捜査官である亜門鋼太朗は、どんな人物だと思って演じていましたか。

「アカデミーを主席で卒業した優等生で、普段は冷静で寡黙だけど、内側には熱いものを秘めている人物です。仲間や上司が死んでしまったり、いろいろ辛い経験をするけど、それでも喰種を倒すという気持ちは絶対に揺るがず、真っ直ぐに突き進んでいく。不器用だけど、大好きなキャラクターです」

——ＣＧを多く取り入れた映画ですが、それゆえに苦労した点はありましたか。

「赫子（かぐね）という武器に対して、受ける側は全部ＣＧなんですよ。撮影が始まる前は、実際には見えていないのでやりづらいかなと考えていたのですが、窪田さんが自分の体でできる限りの動きを身振り手振りでしてくださったんです。赫子が見えたと言ったら過言ですけど、それくらい熱を持ってやっていただいたので、そこのストレスは一切なかったです」

——映画『リベンジｇｉｒｌ』（'17年）では、政治家秘書の門脇俊也役を演じられています。

「桐谷（美玲）さん演じる宝石美輝が総理大臣を目指すという話なのですが、僕は寡黙な秘書で恋愛物なのにあまりニコニコしない役なんです。常に真面目でいつもスーツを着ているんですけど、エリートっぽさを出すために姿勢から正すことを意識しました。三木（康一郎）監督は、俳優と女優の距離を近づけた演出をされる方で（笑）、お互いの鼻の頭がくっつくほどの芝居がいくつもあって、緊張しつつも新鮮でした」

——表情や仕草で見せる芝居が多かったと思いますが、意識したところは？

「相手に心を許していく芝居は意識しました。１８０度性格の違うふたりが政治や選挙という同じ目標を持つことで、少しずつ惹かれ合っていくという話ですから。僕も彼女に惹かれ、彼女も僕に惹かれていくので、その移り変わりのタイミングは三木監督と相談しながら演じました」

——同じ時期に、ドラマ『今からあなたを脅迫します』（'17年）にも出演されています。オリジナルキャラクターである京田カオル役を演じていますが、またしても悪役でした……。

「原作にはないキャラクターで、武井（咲）さん演じる金坂澪の隣の部屋に引越してくるところから始まるんですけど、結局ダークなほうに染まっていくんです（笑）。なんでこんなにクセのある役が多いんですかね……。登場シーンは少なかったのですが、いきなり悪になってしまうと、観ている方に〝え？〟と驚いてもらえないので、要所要所でそれを少しずつ、どうやって出していくのかを考えながら演じました。またひとつ勉強になったドラマでした」

新しい世代の子に夢を与えられる存在になりたい

——俳優としてキャリア8年目を迎えましたが、演じていて楽しい瞬間やその醍醐味を感じる時はいつですか。

「やっぱりオンエアですかね。作品を観たみなさんからの反響だったり、友達から〝良かったよ〟と言ってもらえた時だと思います。撮影中にそれを感じられる瞬間ってあまりないんですよ。ひとつひとつ繊細な作業を積み重ねていって、ようやくひとつの作品になるので。誰かに助けてもらえるわけじゃないし、本当に孤独な仕事だと思います。このセリフの1行にどれだけのことが詰まっているのだろう？と考え始めると、どんどん自分の世界の中に入り込んでいってしまう」

——そんな時は、どうやって気分を上げていくのですか。

「落ち込むのが好きではないので、もうやるしかないという気持ちですね。だって、撮影する時は必ずくるんですよ。いずれその現場へ行ってセリフを言うためには、プラスに考えてやっていくしかないです。ただ、大変な仕事を選んでしまったとは、いつも感じています」

——それでも俳優を続けている理由とは？

「やっぱり自分に俳優をやらせてみたいと言ってくれたＨＩＲＯさんに喜んでもらいたいからだと思います。どんどんステップアップした姿を見せたいし、自分自身としても諦めたくはないです」

——10年後は、どんな役者になっていたいですか。

「もちろん、いろいろな役をこなせる役者になりたいですが、そのためには地道に経験を積んでいかないと。それから、でっかい家に住んで、いい車に乗って、毎日美味しいものを食べられるような生活を送っていたい（笑）。そして、自分の後ろには後輩たちがいっぱいいて、劇団ＥＸＩＬＥがもっと多くの人に愛されているのが夢です。今は自分のことで精一杯ですけど、新しい世代の子にもちゃんと夢を与えられるような存在になりたいし、その場所を提供できたら最高なのですが、現実は……そう甘くはないです。僕は17歳でこの世界に入りましたけど、20歳くらいにはもうお金持ちになっている予定でしたから（笑）」

——ちなみに、当時の想定だと25歳にはどうなっている予定だったのですか。

「予定では25歳で、オープンカーに乗ってるはずでした。フェラーリで撮影現場へ行って、〝お疲れさまでーす〟みたいな（笑）。でも、現実は全然そんなことはないですから。だからきっと、35歳でもどうなっているか……。とはいえ、せっかくこの世界に入ったからには、今後も大きい夢を持って俳優として活動していきたい。たとえば、『海猿』のようなレスキューものだったり、命の尊さを描くような戦争物に出演してみたいです。何かを守るために一生懸命に頑張るというのは、一番わかりやすいエンターテイメントだし、男が、女が、ということではなく、万人が共感できるものなので。そういった作品を真ん中に立って演じるのが、今の僕の目標です」●

TSUCHIYA
はいッ！チーズ

遊んでみた # 今度こういう写真のみの # 写真集撮りたい # （笑）# 一番左が特に好き

この # 写真 #E.Tに # 使っていいよ。

#野球 #小2から中3まで #久々投げて肩痛い

#刑事に #なりきってみた #いつか役でやってみたい #アブない刑事のようなやつ

はい！チーズ

K

#ジャンプ #富士山 #ジャージ #めちゃ寒かった

#すげー楽しそう
#これ続けてたら
#いつかふすまに
#穴あけそう

いつも応援していただき
写真集を手に取っていただき
ありがとうございます！
今回初の写真集という事で
普段なかなか見せないような
〝素〟の写真をたくさん撮って
いただきました！
衣装のリースから僕も参加
させていただき手作りのような
感覚の一冊になりました！

また色々な形で皆さんに
見ていただけるように…
楽しんでいただけるように…
2018年、そしてその先もずっと
劇団EXILEとしても個人
としても活動頑張って
いこうと思います！
今後とも皆さん!!
宜しくお願いします！
2冊目も早く撮りたいな…。

鈴木伸之

KANGOL

STAFF

PHOTOGRAPH: 北浦敦子 **STYLING:** 平本兼一 **HAIR&MAKE-UP:** 下川真矢
INTERVIEW TEXT: 横谷和明／河内文博（UNCHAIN）
EDIT: 山本有紀／中村陽子（FUTABASHA） **DESIGN:** On-Point Design Ltd.
MANAGEMENT: 近藤奈緒・西下祐衣・安田彩香（LDH JAPAN）
QR CODE MOVIE: 荒秋 **SPECIAL THANKS:** 松本慎太郎（Tyrrell）／クローバー牧場

衣装協力

DIOR HOMME／
クリスチャン ディオール
TEL:0120-02-1947

CLANE HOMME／
CLANE DESIGN株式会社
TEL:03-5464-2191

Champion／
チャンピオン原宿店
TEL:03-5468-8451

Skullcandy Japan
TEL:03-6418-7945

FULL-BK／
4K[sik]
TEL:03-5464-9321

Ray-Ban／
ミラリ ジャパン株式会社
TEL:03-3514-2950

[Milok]
TEL:03-6455-1440

STETSON JAPAN
TEL:03-5652-5890

KANGOL／
Kurihara Corporation Customer Center
TEL:0120-810-041

WACKO MARIA／
PARADISE TOKYO
TEL:03-5708-5277

New Balance／
ニューバランス ジャパンお客様相談室
TEL:0120-85-0997

BIG JOHN
TEL:086-477-3800

NIKE SPORTSWEAR／
NIKE カスタマーサービス
TEL:0120-6453-77

BRÚ NA BÓINNE TOKYO
TEL:03-5728-3766

GREI. | WILLY CHAVARRIA／
JETTON SHOWROOM
TEL:03-6804-1970

SUNNY SPORTS／
C.E.L STORE
TEL:03-6459-3932

DANNER
TEL:03-3476-5661

鈴木伸之《すずきのぶゆき》ファースト写真集《しゃしんしゅう》「FACE《フェイス》」
2018年2月4日 第1刷発行
2018年2月5日 第2刷発行

著者 鈴木伸之《すずきのぶゆき》

発行者 稲垣 潔
発行所 株式会社 双葉社
〒162-8540東京都新宿区東五軒町3番28号
［電話］ 03-5261-4818（営業）
03-5261-4868（編集）
http://www.futabasha.co.jp/
（双葉社の書籍・コミック・ムックが買えます）
印刷所・製本所 大日本印刷株式会社

NOBUYUKI SUZUKI
FIRST PHOTO ALBUM
"FACE"

ISBN978-4-575-31332-1 C0076